Impressum
Verlag: BABADADA GmbH, Nedderfeld 112 , 22529 Hamburg
Geschäftsführer / Verlagsleitung: Harald Hof
Druck: Books on Demand GmbH, In de Tarpen 42, 22848 Norderstedt

Imprint
Publisher: BABADADA GmbH, Nedderfeld 112 , 22529 Hamburg, Germany
Managing Director / Publishing direction: Harald Hof
Print: Books on Demand GmbH, In de Tarpen 42, 22848 Norderstedt, Germany

škola

škola

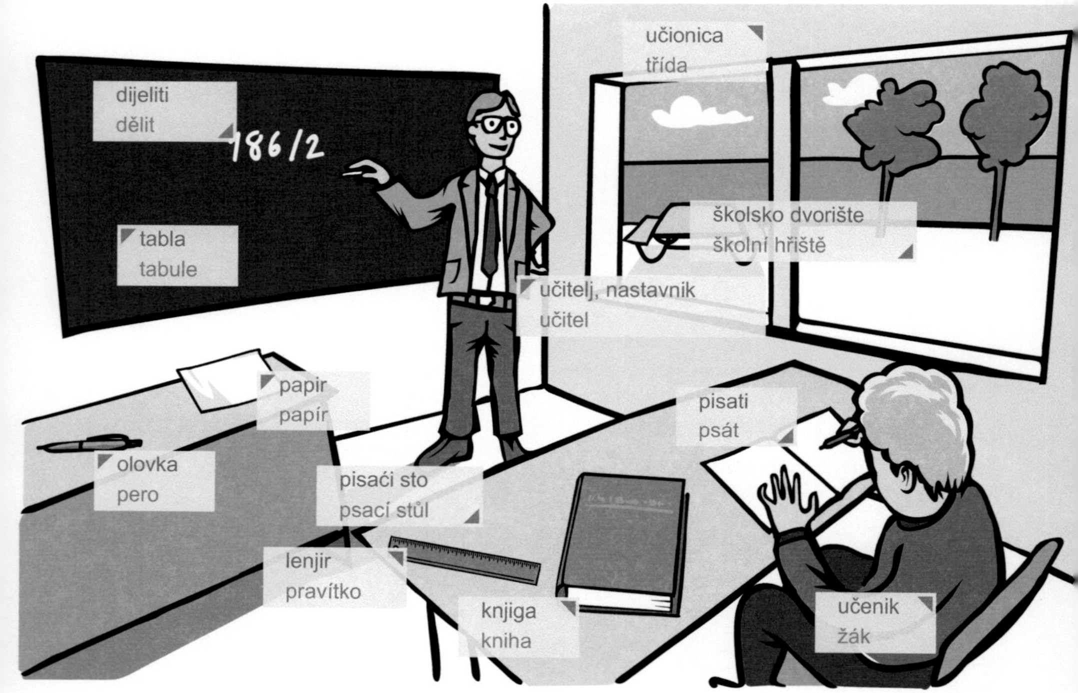
učionica
třída
dijeliti
dělit
186/2
tabla
tabule
školsko dvorište
školní hřiště
učitelj, nastavnik
učitel
papir
papír
pisati
psát
olovka
pero
pisaći sto
psací stůl
lenjir
pravítko
knjiga
kniha
učenik
žák

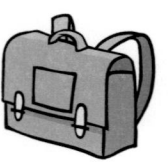

torba

aktovka

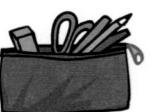

pernica

penál

drvena olovka

tužka

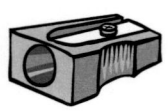

šiljalo za olovke

ořezávátko

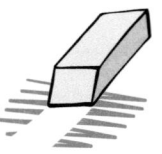

gumica

guma

blok za crtanje

blok na kreslení

crtež

výkres

kist

štětec

kutija s bojama

malířské potřeby

makaze

nůžky

ljepilo

lepidlo

vježbanka

cvičebnice

domaća zadaća

domácí úkol

broj

počet

sabirati

sčítat

oduzimati

odčítat

množiti

násobit

računati

počítat

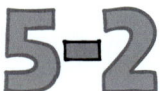

slovo

písmeno

abeceda

abeceda

riječ

slovo

tekst

text

čitati

číst

kreda

křída

sat

hodina

školski dnevnik

třídní kniha

ispit

zkouška

svjedočanstvo

vysvědčení

školska uniforma

školní uniforma

izobrazba

vzdělání

leksikon

encyklopedie

univerzitet

univerzita

mikroskop

mikroskop

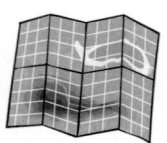

karta

karta

korpa za papir

odpadkový koš na papír

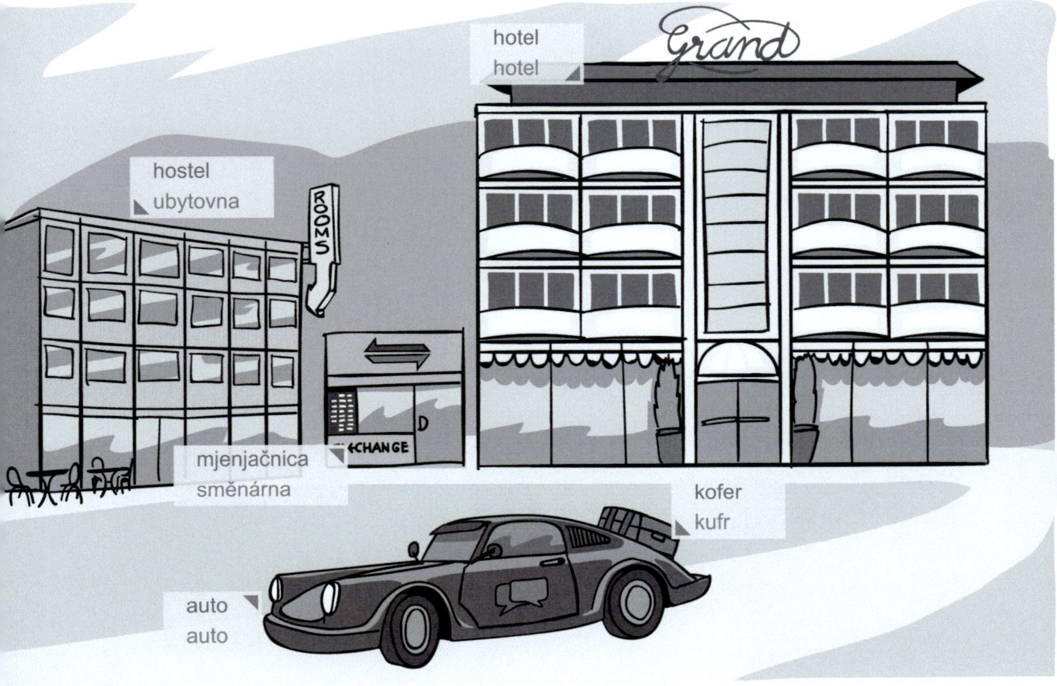

hotel
hotel
Grand
hostel
ubytovna
ROOMS
mjenjačnica
směnárna
CHANGE
kofer
kufr
auto
auto

jezik
jazyk

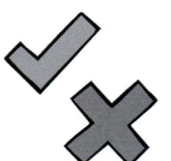

da / ne
ano / ne

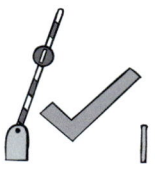

okej
oukej

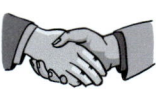

zdravo
Ahoj!

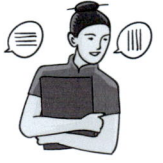

tumač
překladatel

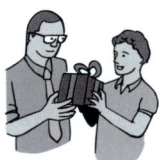

hvala
děkuji

Koliko košta...?

Kolik stojí...?

Ne razumijem

nerozumím

problem

problém

dobro veče!

Dobrý večer!

Dobro jutro!

Dobré ráno!

Laku noć!

Dobrou noc!

doviđenja

na shledanou

smjer

směr

prtljag

zavazadlo

torba

taška

ruksak

batoh

gost

host

soba

pokoj

vreća za spavanje

spací pytel

šator

stan

turističke informacije

turistické informace

plaža

pláž

kreditna kartica

kreditní karta

doručak

snídaně

ručak

oběd

večera

večeře

putna karta

jízdenka

lift

výtah

poštanska markica

poštovní známka

granica

hranice

carina

clo

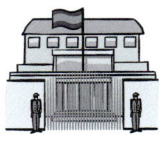

ambasada

poselství

viza

vízum

pasoš

pas

transport
transport

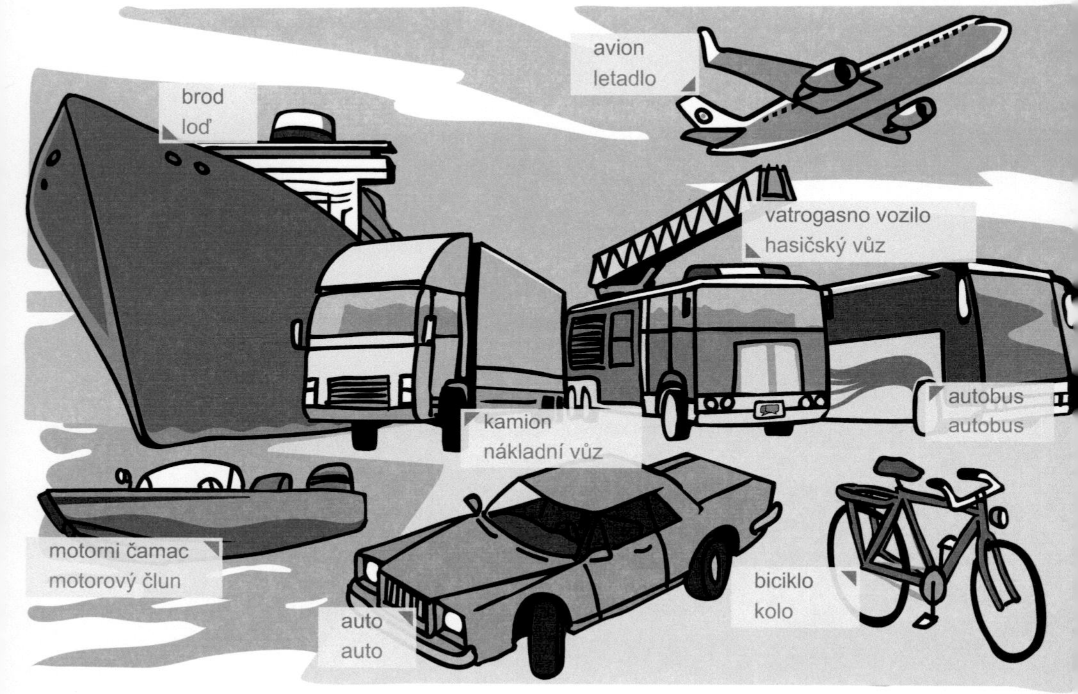
avion
letadlo
brod
loď
vatrogasno vozilo
hasičský vůz
kamion
nákladní vůz
autobus
autobus
motorni čamac
motorový člun
auto
auto
biciklo
kolo

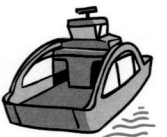

trajekt

přívoz

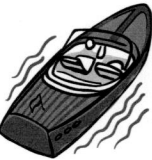

brod

člun

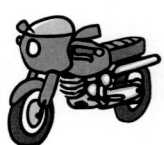

motocikl

motorka

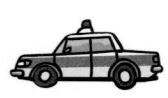

policijski automobil

policejní auto

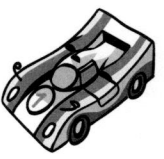

trkaći automobil

závodní auto

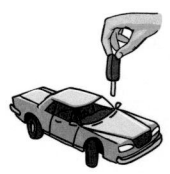

unajmljeni automobil

pronajaté auto

kar-šering

sdílení aut

pauk

odtahová služba

smećarsko vozilo

popelářský vůz

motor

motor

gorivo

palivo

benzinska pumpa

čerpací stanice

saobraćajni znak

dopravní značka

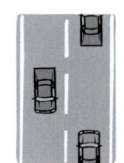

saobraćaj

doprava

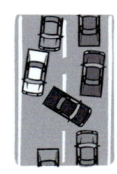

zastoj

dopravní zácpa

parking

parkoviště

željeznička stanica

vlakové nádraží

šine

koleje

voz

vlak

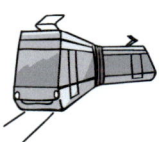

tramvaj

tramvaj

vagon

vagón

helikopter

helikoptéra

aerodrom

letiště

toranj

věž

putnik

pasažér

kontejner

kontejner

karton

kartón

tačke

trakař

korpa

koš

poletjeti / sletjeti

vzlétnout / přistát

grad

město

selo

vesnice

centar grada

střed města

kuća

dům

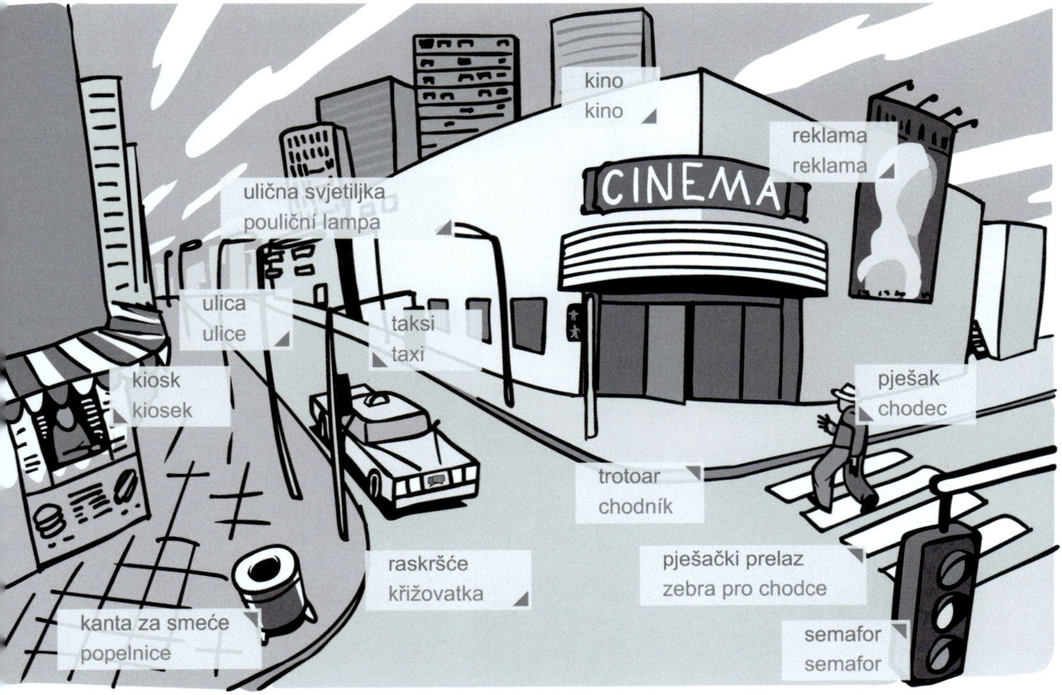

kino
kino

reklama
reklama

ulična svjetiljka
pouliční lampa

CINEMA

ulica
ulice

taksi
taxi

kiosk
kiosek

pješak
chodec

trotoar
chodník

raskršće
křižovatka

pješački prelaz
zebra pro chodce

kanta za smeće
popelnice

semafor
semafor

koliba
chata

stan
byt

željeznička stanica
vlakové nádraží

vjećnica
radnice

muzej
muzeum

škola
škola

grad - město

univerzitet

univerzita

banka

banka

bolnica

nemocnice

hotel

hotel

apoteka

lékárna

ured

kancelář

knjižara

knihkupectví

radnja

obchod

cvjećara

květinářství

supermarket

supermarket

pijaca

tržnice

robna kuća

obchodní dům

prodavač ribe

rybárna

trgovački centar

nákupní centrum

luka

přístav

park

park

klupa

lavička

most

most

stepenice

schody

podzemna željeznica

metro

tunel

tunel

autobuska stanica

autobusová zastávka

bar

bar

restoran

restaurace

poštanski sandučić

poštovní schránka

saobraćajni znak

pouliční tabule

sat za naplatu parkinga

parkovací hodiny

zološki vrt

zoo

bazen

plovárna

džamija

mešita

seosko imanje

usedlost

zagađenje okoline

znečišťování životního prostředí

groblje

hřbitov

crkva

církev

igralište

hřiště

hram

chrám

krajolik
krajina

list
list

putokaz
rozcestník

putokaz
cesta

livada
louka

kamen
kámen

drvo
strom

putnik
turista

rijeka
řeka

trava
tráva

cvijet
květina

dolina
údolí

brdo
hora

jezero
jezero

šuma
les

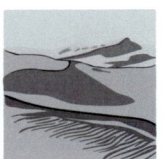

pustinja
poušť

vulkan
sopka

dvorac
zámek

duga
duha

gljiva
houba

palma
palma

komarac
komár

muha
moucha

mrav
mravenec

pčela
včela

pauk
pavouk

buba

brouk

žaba

žába

vjeverica

veverka

 jež

ježek

zec

zajíc

sova

sova

ptica

pták

labud

labuť

divlja svinja

divoké prase

jelen

jelen

los

los

brana

přehrada

vjetrenjača

větrné kolo

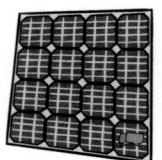

solarni modul

solární panel

klima

podnebí

restoran
restaurace

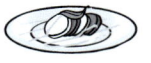

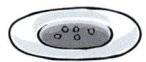

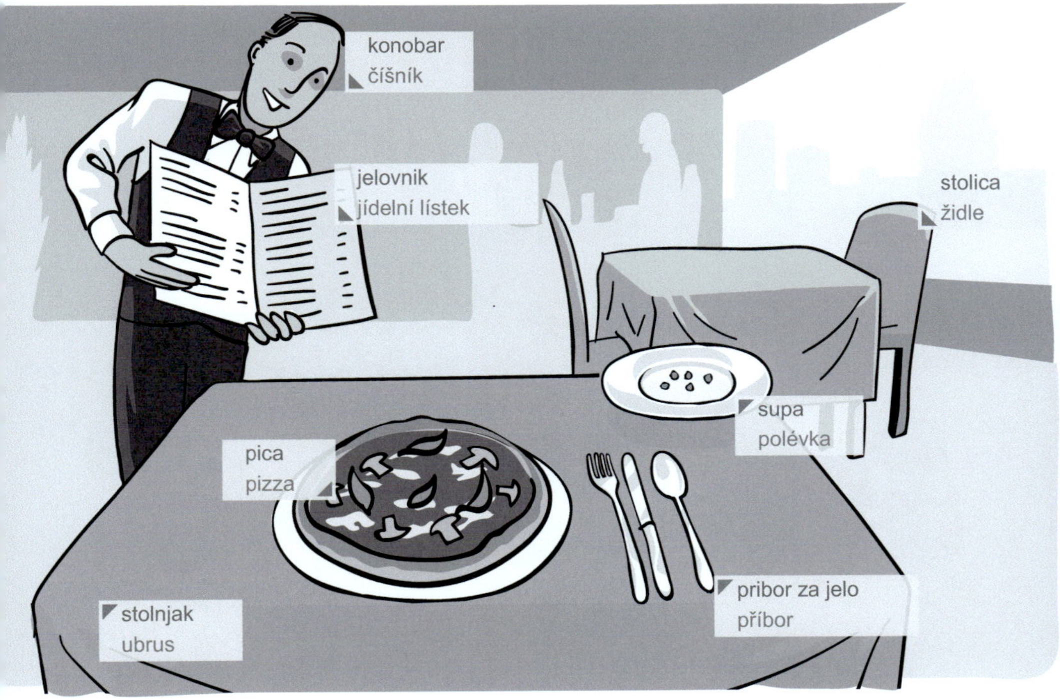
konobar
číšník
jelovnik
jídelní lístek
stolica
židle
supa
polévka
pica
pizza
pribor za jelo
příbor
stolnjak
ubrus

predjelo

předkrm

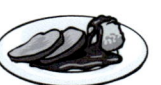

glavno jelo

hlavní chod

desert

dezert

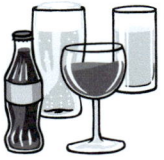

piće

nápoje

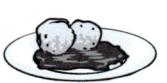

jelo

jídlo

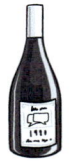

flaša

láhev

brza hrana

rychlé občerstvení

jelo sa ulice

pouliční občerstvení

čajnik

čajová konvice

šećernica

cukřenka

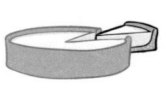

porcija

porce

mašina za espreso

kávovar na espresso

barska stolica

dětská stolička

račun

faktura

tacna

tác

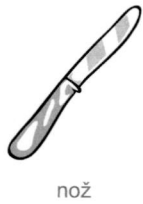

nož

nůž

viljuška

vidlička

kašika

lžíce

kašičica

čajová lyžička

salveta

ubrousek

čaša

sklenička

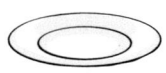

tanjir

talíř

tanjir za supu

talíř na polévku

tanjurić

podšálek

sos

omáčka

solanik

slánka

mlin za biber

mlýnek na pepř

sirće

ocet

ulje

olej

začini

koření

kečap

kečup

senf

hořčice

majoneza

majonéza

restoran - restaurace

supermarket
supermarket

ponuda
nabídka
FOR
klijent
zákazník
mliječni proizvodi
mléčné výrobky
voće
ovoce
kolica za kupovinu
nákupní vozík

BUTCHERS

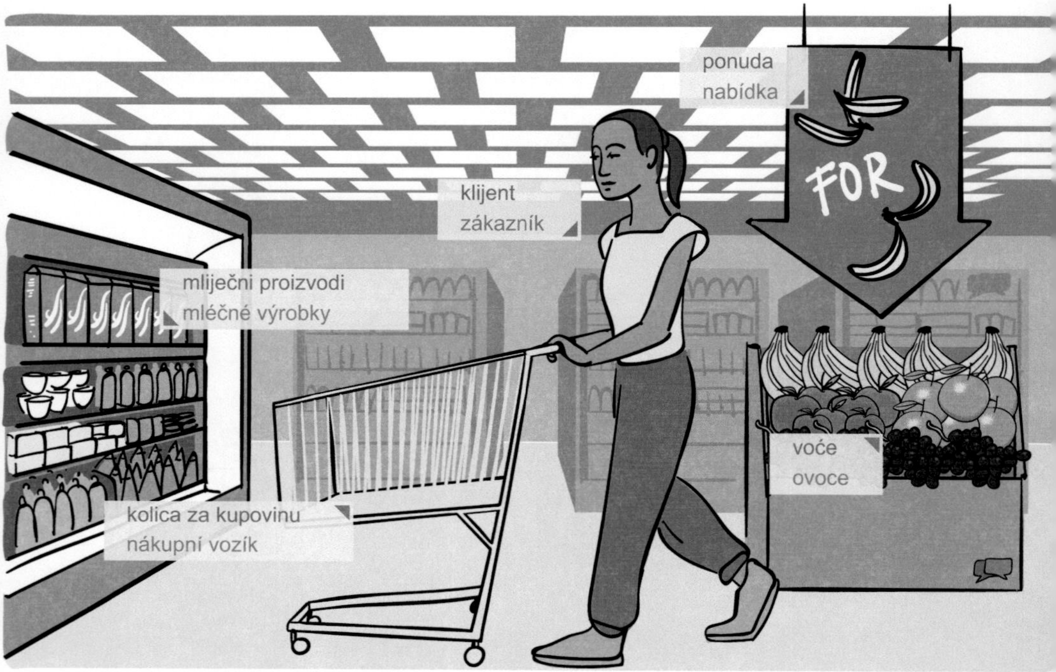

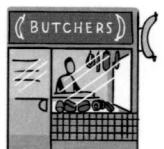

mesnica- klaonica

masna

BAKERY

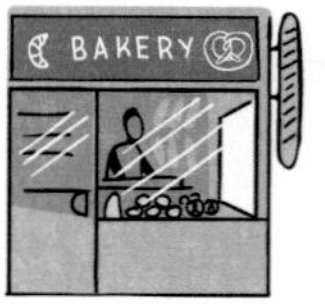

pekara

pekařství

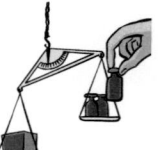

vagati

vážit

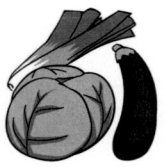

povrće

zelenina

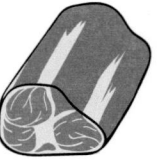

meso

maso

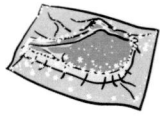

zaleđena hrana

mražené potraviny

narezak

obložený talíř

konzerve

konzervy

prašak za veš

prací prášek

slatkiši

cukrovinky

kućanski proizvodi

výrobky pro domácnost

sredstvo za čišćenje

čisticí prostředek

prodavačica

prodavačka

kasa

pokladna

blagajnik

pokladní

lista za kupovinu

nákupní seznam

radno vrijeme

otevírací doba

novčanik

peněženka

kreditna kartica

kreditní karta

torba

taška

najlonska vrećica

igelitová taška

voda

voda

sok

džus

mlijeko

mléko

kola

kola

vino

víno

pivo

pivo

alkohol

alkohol

kakao

kakao

čaj

čaj

kafa

káva

espreso

espresso

kapućino

kapučíno

banana

banán

jabuka

jablko

narandža

pomeranč

lubenica

meloun

limun

citrón

mrkva

mrkev

bijeli luk

česnek

bambus

bambus

crveni luk

cibule

gljiva

houba

orašasti plodovi

ořechy

pasta

těstoviny

špagete

špageti

riža

rýže

salata

salát

pomfrit

hranolky

pečeni krompir

americké brambory

pica

pizza

hamburger

hamburger

sendvič

sendvič

šnicla

řízek

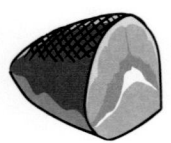

šunka

šunka

kobasica

salám

kobasica

salám

kokoš

kuře

pečenje

pečeně

riba

ryby

zobene pahuljice

ovesné vločky

muzli

müsli

kornfleks

vločky

brašno

mouka

kroason

croissant

zemičke

houska

kruh

chléb

tost

toast

keksi

sušenky

maslac

máslo

svježi sir

tvaroh

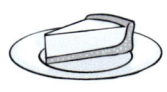

kolač

buchta

jaje

vejce

jaje na oko

volské oko

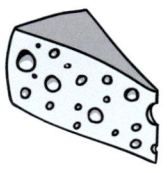

sir

sýr

sladoled

zmrzlina

šećer

cukr

med

med

marmelada

marmeláda

nugat krema

nugátový krém

kuri

kari

seosko imanje
usedlost

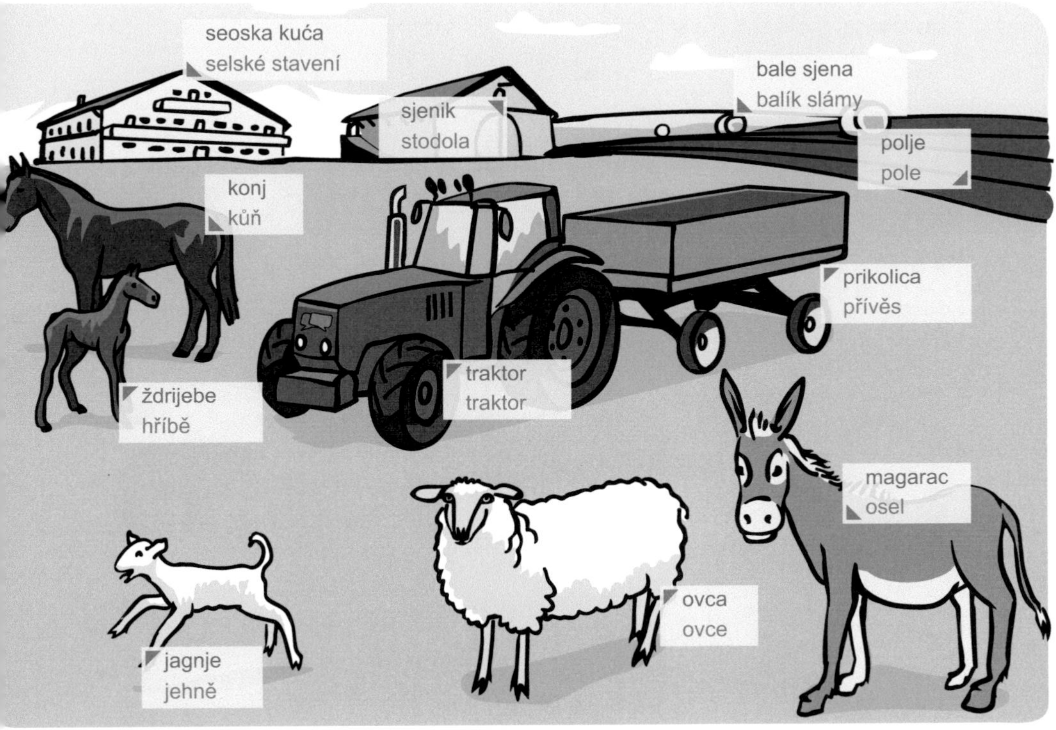

seoska kuća
selské stavení
sjenik
stodola
bale sjena
balík slámy
polje
pole
konj
kůň
prikolica
přívěs
traktor
traktor
ždrijebe
hříbě
magarac
osel
ovca
ovce
jagnje
jehně

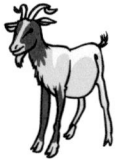

koza

koza

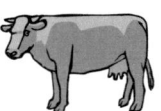

krava

kráva

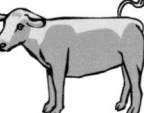

tele

tele

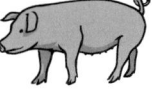

svinja

prase

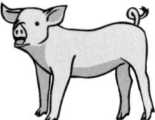

prase

sele

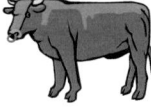

bik

býk

guska

husa

patka

kachna

pile

kuře

kokoška

slepice

pjetao

kohout

pacov

krysa

mačka

kočka

miš

myš

vol

vůl

pas

pes

pseća kućica

psí bouda

crijevo za baštu

zahradní hadice

kanta za zalijevanje

kropicí konev

kosa

kosa

plug

pluh

srp

srp

motika

motyka

vile

vidle

sjekira

sekera

tačke

kolecko

korito

koryto

bokal za mlijeko

konev na mléko

vreća

pytel

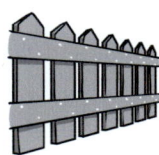

ograda

plot

štala

stáj

staklenik

skleník

tlo

půda

sjeme

osivo

đubrivo

hnojivo

kombajn

kombajn

kositi
....
sklidit

žetva
....
sklizeň

jam korijen
....
smldinec

pšenica
....
pšenice

soja
....
sója

krompir
....
brambora

kukuruz
....
kukuřice

uljana repica
....
řepka

drvo voća
....
ovocný strom

manioka
....
maniok

žito
....
obilí

kuća
dům

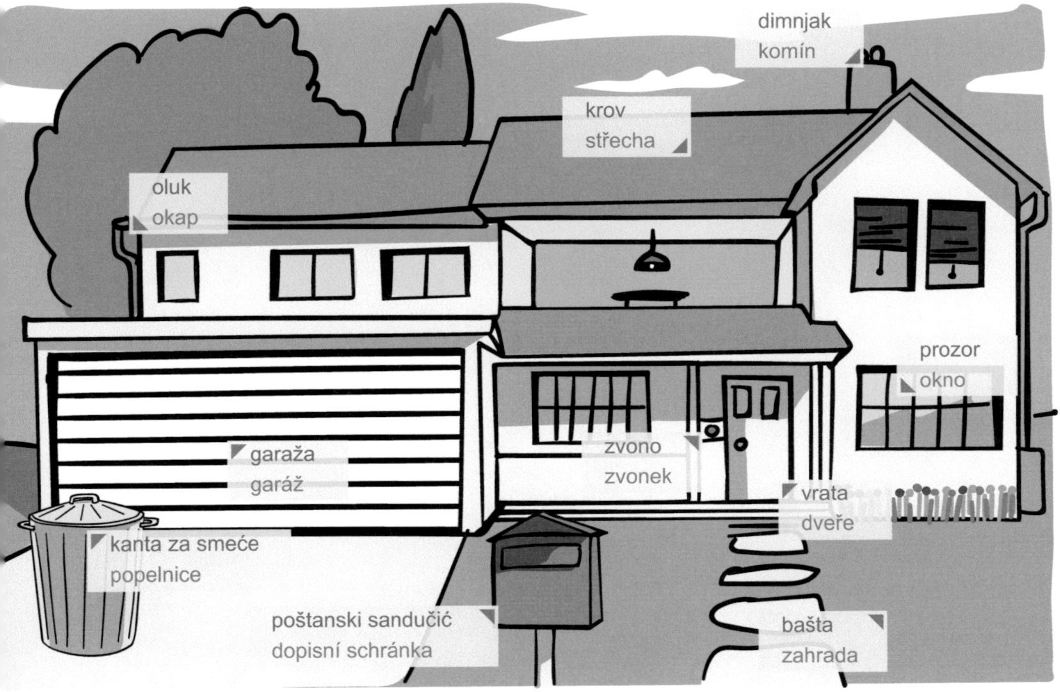
dimnjak
komín
krov
střecha
oluk
okap
prozor
okno
garaža
garáž
zvono
zvonek
vrata
dveře
kanta za smeće
popelnice
poštanski sandučić
dopisní schránka
bašta
zahrada

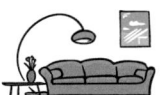

dnevni boravak

obývací pokoj

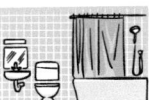

kupatilo

koupelna

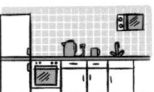

kuhinja

kuchyně

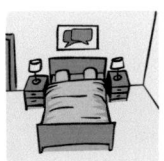

spavaća soba

ložnice

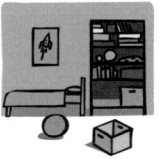

dječija soba

dětský pokoj

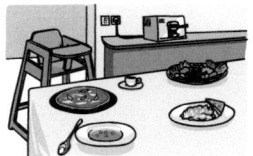

trpezarija

jídelna

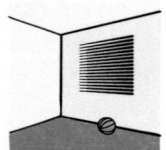

pod, tlo

podlaha

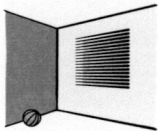

zid

zeď

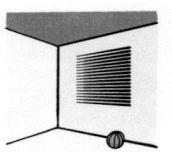

plafon

deka

podrum

sklep

sauna

sauna

balkon

balkón

terasa

terasa

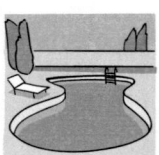

bazen

bazén

kosilica

sekačka na trávu

posteljina

ložní prádlo

pokrivač

lůžková přikrývka

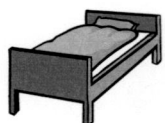

krevet

postel

metla

smeták

kanta

kýbl

prekidač

vypínač

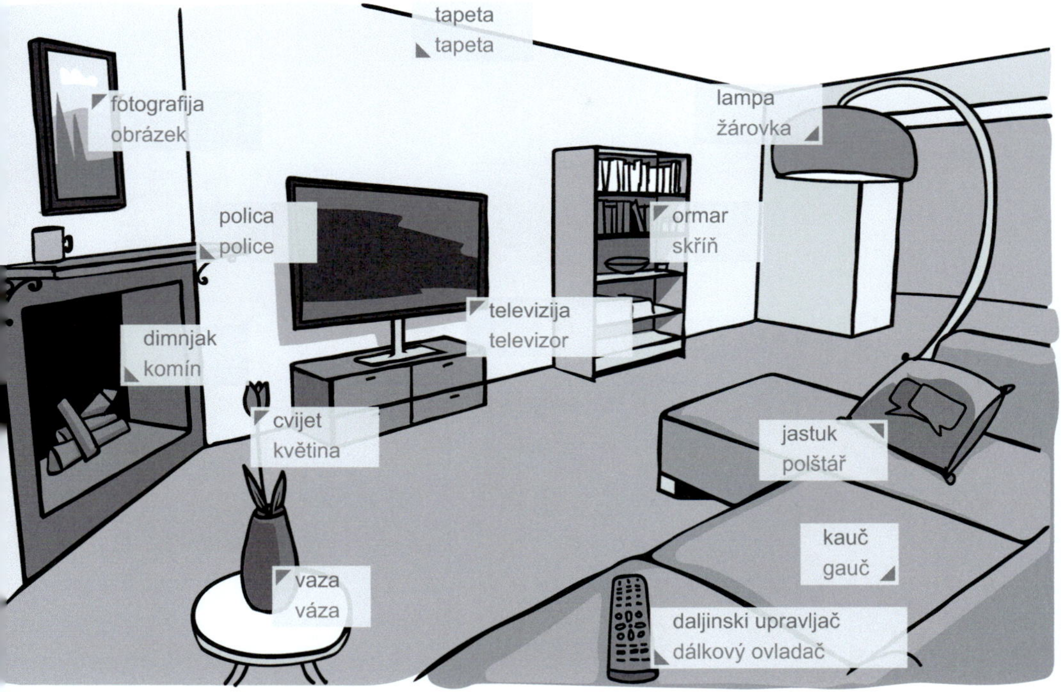

tapeta
tapeta

fotografija
obrázek

lampa
žárovka

polica
police

ormar
skříň

dimnjak
komín

televizija
televizor

cvijet
květina

jastuk
polštář

vaza
váza

kauč
gauč

daljinski upravljač
dálkový ovladač

tepih	zavjesa	stol

koberec	závěs	stůl

stolica	stolica za ljuljanje	fotelja

židle	houpací křeslo	křeslo

knjiga

kniha

deka

strop

dekoracija

ozdoba

ložno drvo

palivové dříví

film

film

stereo uređaj

stereo souprava

ključ

klíč

novine

noviny

umjetnička slika

malba

poster

plakát

radio

rádio

blok za bilješke

poznámkový blok

usisavač

vysavač

kaktus

kaktus

svijeća

svíce

kuhinja
kuchyně

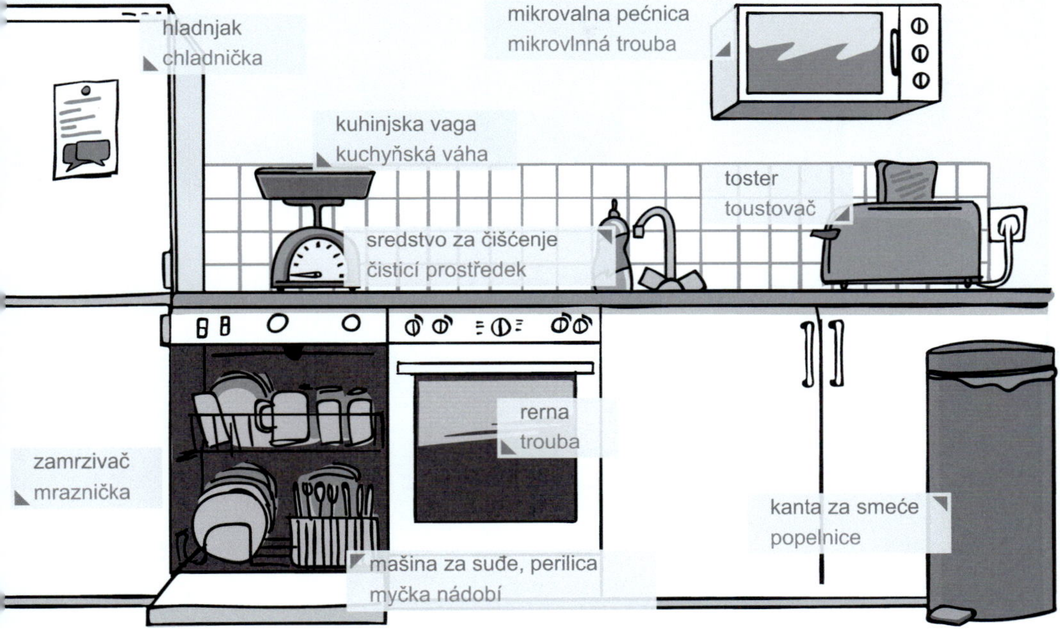
hladnjak
chladnička
mikrovalna pećnica
mikrovlnná trouba
kuhinjska vaga
kuchyňská váha
toster
toustovač
sredstvo za čišćenje
čisticí prostředek
rerna
trouba
zamrzivač
mraznička
kanta za smeće
popelnice
mašina za suđe, perilica
myčka nádobí

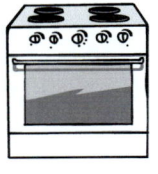

peć

sporák

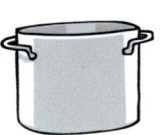

lonac

hrnec

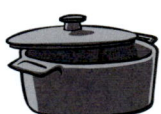

metalni lonac

litinový hrnec

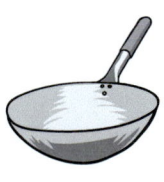

vok / kadai

wok / kadai

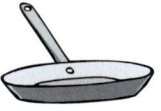

tava, tiganj

pánev

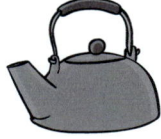

kuhalo

varná konvice

aparat za kuhanje na pari

parní hrnec

lim za pečenje

plech na pečení

posuđe

nádobí

šalica

hrnek

činija

miska

kineski štapići

jídelní hůlky

kutlača

naběračka

lopatica

obracečka

metlica za snijeg bjelanjca

metla

sito za kuhanje

síto

sito

cedník

ribež

struhadlo

avan s tučkom

hmoždíř

roštilj

gril

ložište

ohniště

daska

prkénko na krájení

oklagija

váleček na těsto

vadičep

vývrtka

konzerva

dóza

otvarač za konzerve

otvírák na konzervy

krpe za lonac

chňapka

sudoper

umyvadlo

četka

kartáč na nádobí

spužva

houba

mikser

mixér

zamrzivač

mrazák

flašica za bebu

dětská lahev

slavina

kohoutek

kupatilo
koupelna

grijanje
topení
tuš
sprcha
peškir
ručník
zavjesa za tuš
sprchový závěs
pjenušava kupka
pěnová koupel
kada
vana
čaša
sklenička
mašina za veš
pračka
slavina
kohoutek
pločice
obkladačky
dječja kahlica
nočník
sudoper
umyvadlo

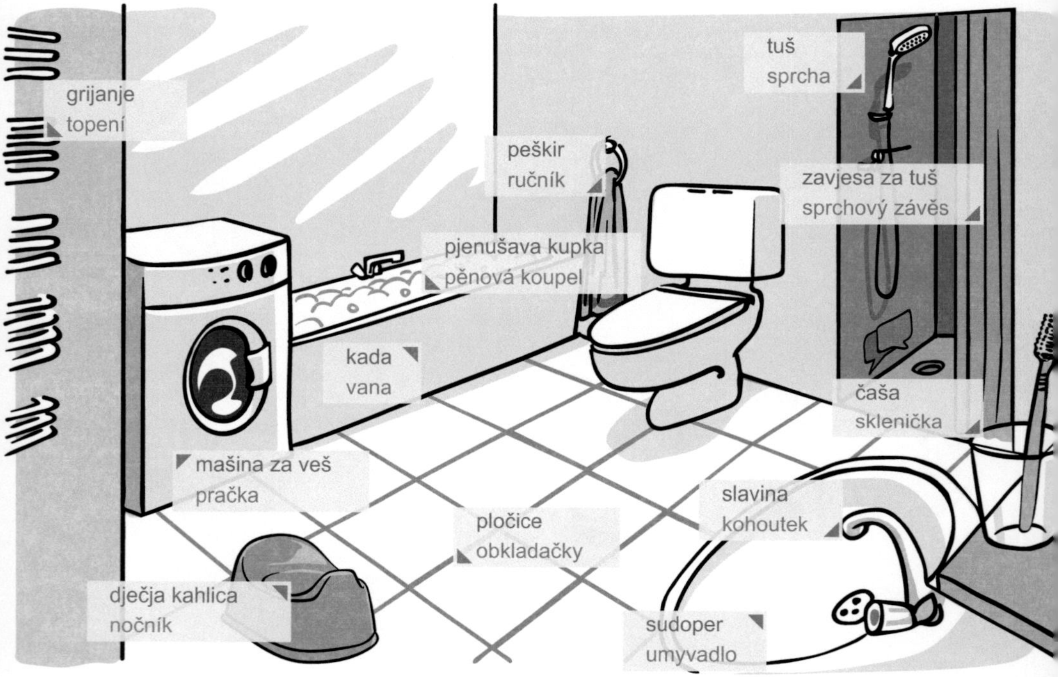

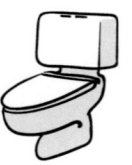

toalet

záchod

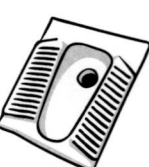

čučavac

turecký záchod

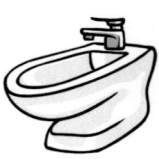

bide

bidet

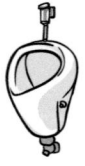

pisoar

pisoár

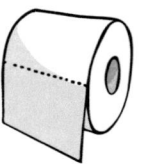

toalet papir

toaletní papír

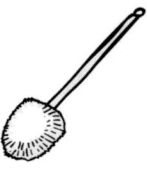

četka za wc

záchodová štětka

četkica za zube

zubní kartáček

pasta za zube

zubní pasta

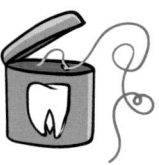

zubni konac

zubní niť

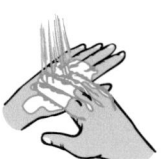

prati

mýt

tuš

ruční sprcha

intimni tuš

intimní sprcha

lavor

umyvadlo

četka za leđa

kartáč na záda

sapun

mýdlo

gel za tuširanje

sprchový gel

šampon

šampón

krpe za pranje

žínka

odvod

odpad

krema

krém

dezodorans

deodorant

ogledalo

zrcadlo

ogledalo za šminkanje

kosmetické zrcátko

brijač

holicí strojek

pjena za brijanje

pěna na holení

vodica poslije brijanja

voda po holení

češalj

hřeben

četka

kartáč

fen

fén

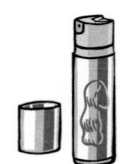

sprej za kosu

lak na vlasy

puder

makeup

karmin

rtěnka

lak za nokte

lak na nehty

vata

vata

makazice za nokte

nůžky na nehty

parfem

parfém

kozmetička torbica

taška s toaletními potřebami

hoklica

stolička

vaga

váha

kupaći ogrtač

župan

rukavice za čišćenje

gumové rukavice

tampon

tampón

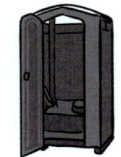

uložak za dame

dámská vložka

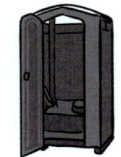

hemijski toalet

chemická toaleta

dječija soba
dětský pokoj

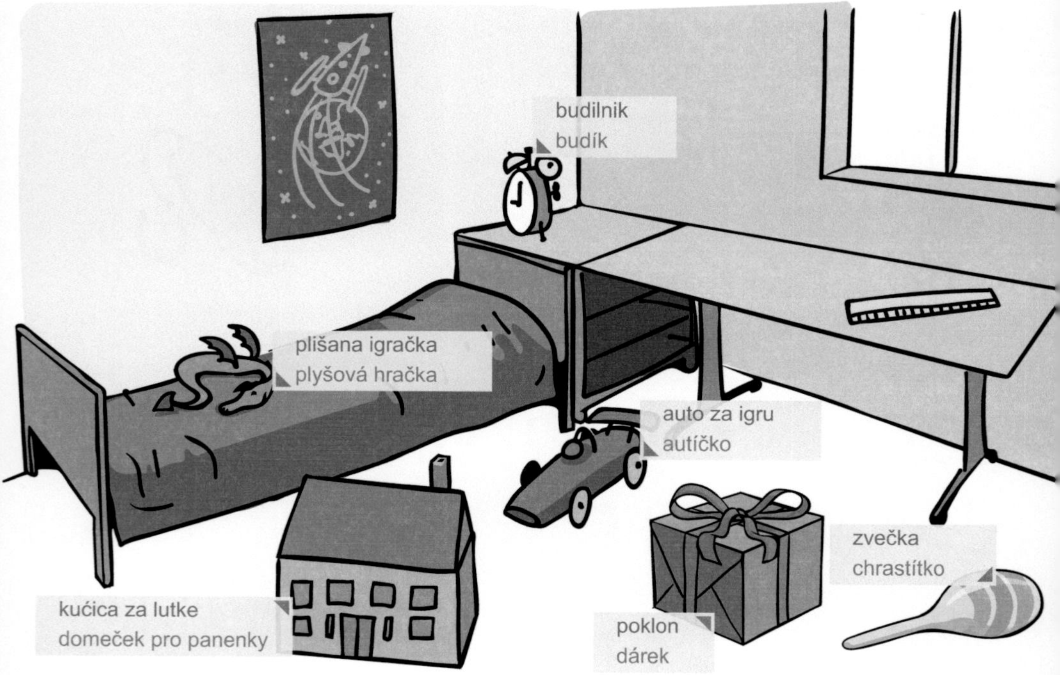
budilnik
budík
plišana igračka
plyšová hračka
auto za igru
autíčko
zvečka
chrastítko
kućica za lutke
domeček pro panenky
poklon
dárek

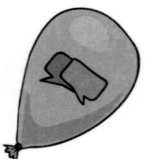

balon

balón

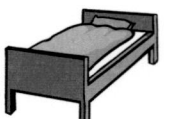

krevet

postel

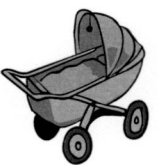

kolica za djecu

kočárek

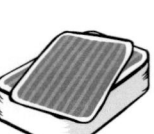

karte za igranje

balíček karet

puzle

puzzle

SUPER
MEGA

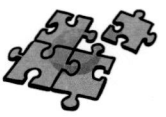

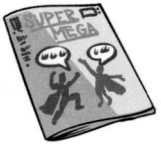

strip

komiks

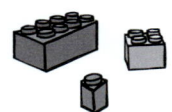

lego kockice

lego kostky

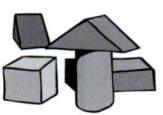

kockice za gradnju

stavebnice

akcione figure

akční figurka

benkica

dupačky

frizbi

frisbee

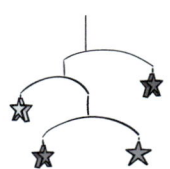

mobile

závěsné hračky nad postýlku

igra na ploči

desková hra

kocka

kostky

miniatura željeznice

modelová železnice

cucla

dudlík

zabava

oslava

slikovnica

obrázková kniha

lopta

míč

lutka

panenka

igrati

hrát si

pješćanik

pískoviště

ljuljačka

houpačka

igračke

hračky

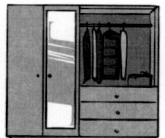

konzola za igru

hrací konzole

triciklo

tříkolka

medvjedić

medvídek

ormar

šatník

odjeća

oblečení

kratke čarape

ponožky

čarape

punčochy

hulahopke

punčochové kalhoty

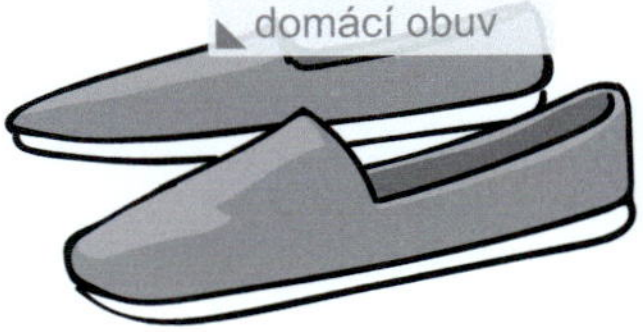

šal
šála

kišobran
deštník

majica kratkih rukava
tričko

kaiš
pásek

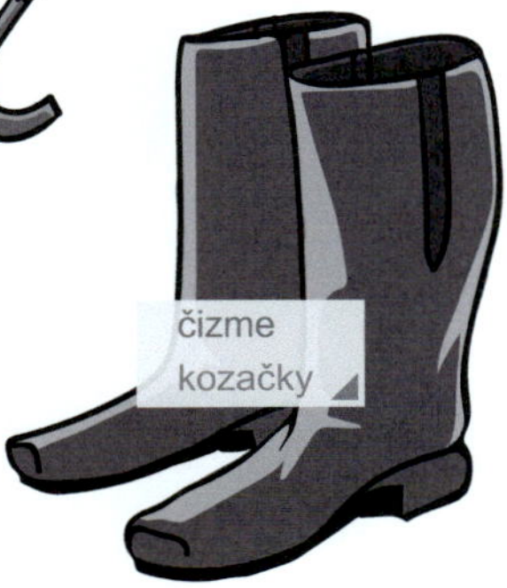

čizme
kozačky

papuče
domácí obuv

patike
tenisky

sandale
....
sandály

cipele
....
obuv

gumene čizme
....
holínky

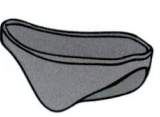

gaće
....
spodní prádlo

grudnjak
....
podprsenka

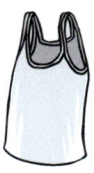

potkošulja
....
nátělník

bodi
body

hlače
kalhoty

farmerke
džíny

suknja
sukně

bluza
blůza

košulja
košile

džemper
svetr

majica
mikina

sako
blejzr

jakna
bunda

mantil
kabát

kišni mantil
pláštěnka

kostim
kostým

haljina
šaty

vjenčanica
svatební šaty

odijelo

oblek

spavaćica

noční košile

pidžama

pyžamo

sari

sárí

marama

šátek na hlavu

turban

turban

burka

burka

kaftan

kaftan

abaja

abája

kupaći kostim

plavky

kupaće gaće

pánské plavky

kratke hlače

kraťasy

trenerka

tepláková souprava

pregača

zástěra

rukavice

rukavice

dugme

knoflík

naočare

brýle

narukvica

náramek

ogrlica

náhrdelník

prsten

prsten

naušnica

náušnice

kapa

čepice

vješalica

ramínko

šešir

klobouk

kravata

kravata

patentni zatvarač

zip

kaciga

helma

tregeri za hlače

kšandy

školska uniforma

školní uniforma

uniforma

uniforma

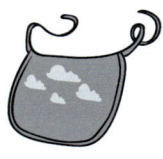

podbradak

bryndák

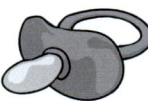

cucla

dudlík

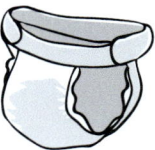

pelene

plena

ured
kancelář

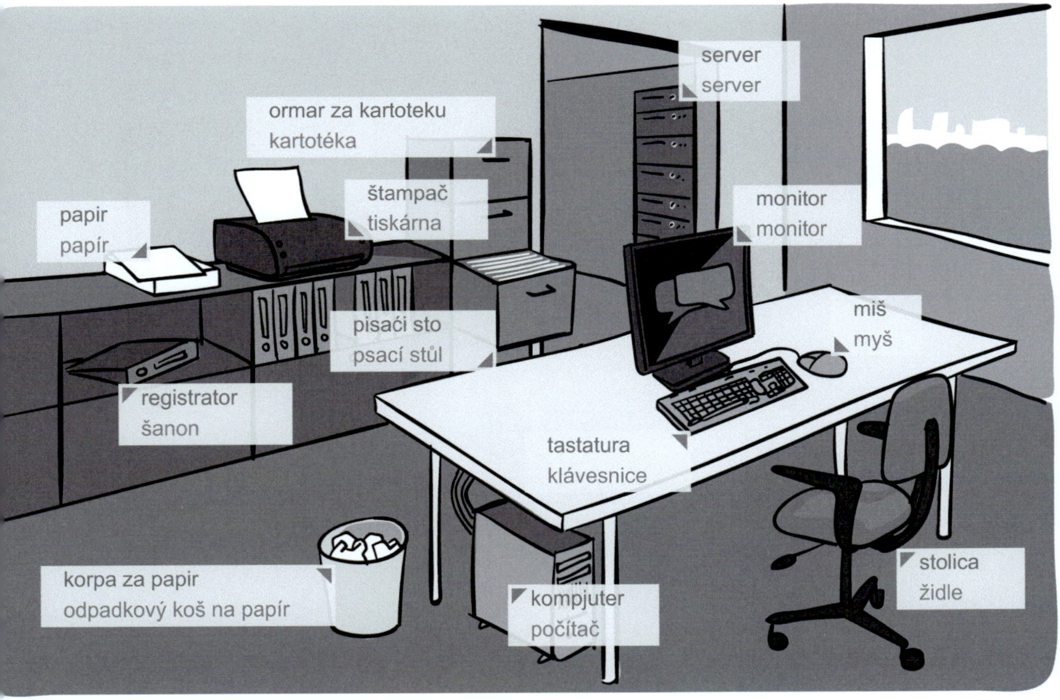

server
server
ormar za kartoteku
kartotéka
štampač
tiskárna
papir
papír
monitor
monitor
miš
myš
pisaći sto
psací stůl
registrator
šanon
tastatura
klávesnice
korpa za papir
odpadkový koš na papír
kompjuter
počítač
stolica
židle

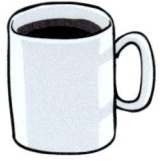

šolja za kafu

hrnek na kávu

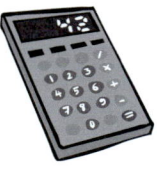

kalkulator

kalkulačka

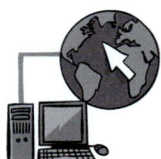

internet

internet

laptop

notebook

pismo

dopis

poruka

zpráva

mobilni telefon

mobil

mreža

síť

aparat za kopiranje

kopírka

softver

software

telefon

telefon

utičnica

zásuvka

faks

fax

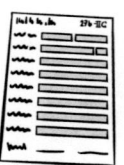

formular

formulář

dokument

dokument

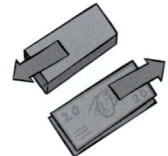

kupovati

nakupovat

platiti

zaplatit

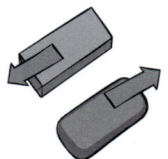

trgovati

jednat

novac

peníze

USD

dolar

dolar

EUR

euro

euro

JPY

jen

jen

RUB

rublja

rubl

CHF

franak

frank

CNY

renminbi jen

juan

INR

rupi

rupie

bankomat

bankomat

mjenjačnica

směnárna

zlato

zlato

srebro

stříbro

nafta

olej

energija

energie

cijena

cena

ugovor

smlouva

porez

daň

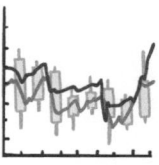

akcija

akcie

raditi

pracovat

službenik

zaměstnanec

poslodavac

zaměstnavatel

fabrika

továrna

radnja

obchod

ekonomija - hospodářství

zanimanja
povolání

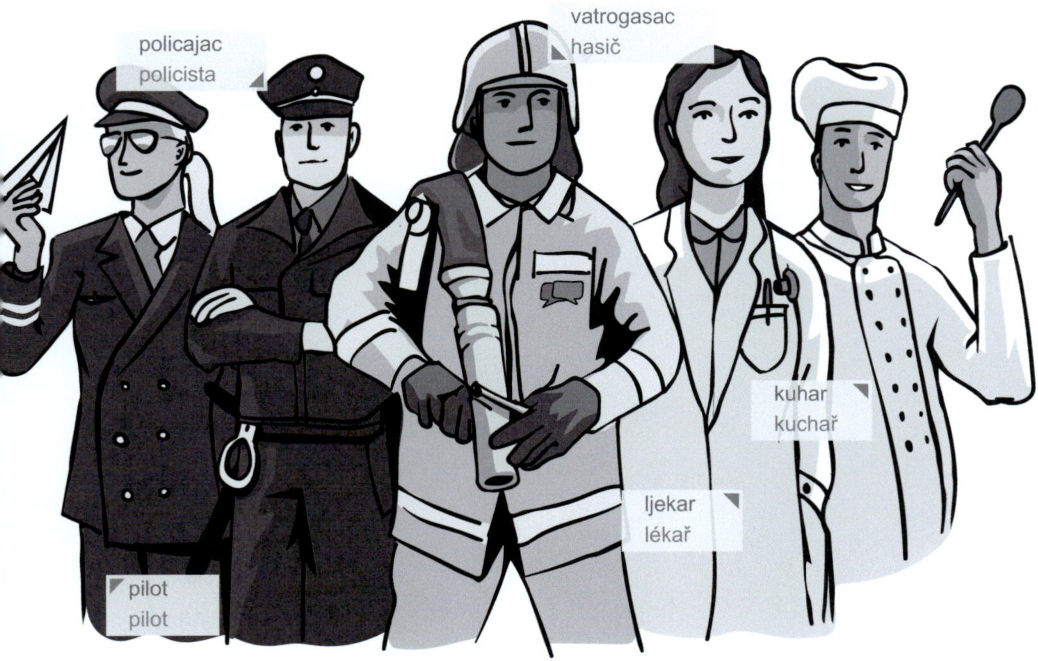
policajac
policista
vatrogasac
hasič
kuhar
kuchař
ljekar
lékař
pilot
pilot

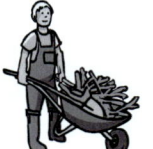

baštovan

zahradník

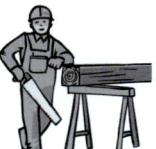

stolar

truhlář

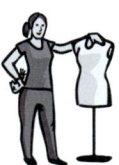

krojačica

švadlena

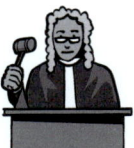

sudija

soudce

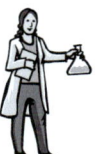

hemičar

chemik

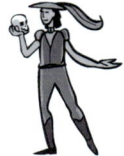

glumac

herec

vozač autobusa

řidič autobusu

vozač taksija

řidič taxi

ribar

rybář

čistačica

uklízečka

krovopokrivač

pokrývač

konobar

číšník

lovac

myslivec

moler

malíř

pekar

pekař

električar

elektrikář

građevinski radnik

stavební dělník

inženjer

inženýr

koljač

řezník

limar, vodoinstalater

klempíř

poštar

listonoš

vojnik

vojak

arhitekta

architekt

blagajnik

pokladní

cvjećar

florista

frizer

kadeřník

kontrolor

průvodčí

mehaničar

mechanik

kapiten

kapitán

zubar

zubař

naučnik

vědec

rabin

rabín

imam

imám

monah

mnich

sveštenik

duchovní

alat
nářadí

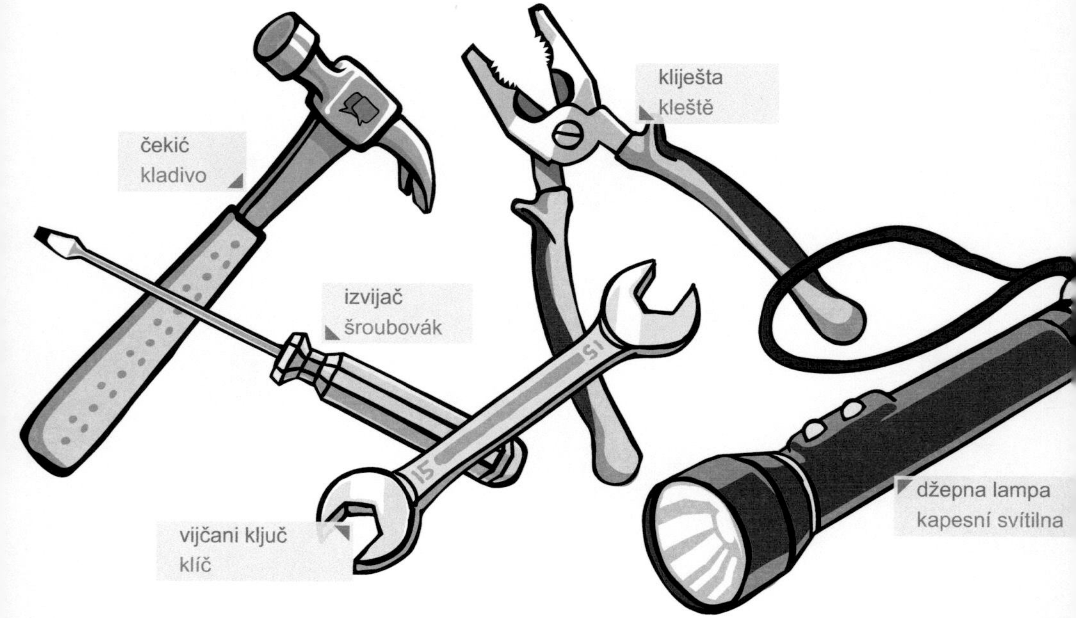

kliješta
kleště
čekić
kladivo
izvijač
šroubovák
vijčani ključ
klíč
džepna lampa
kapesní svítilna

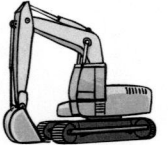

bager

bagr

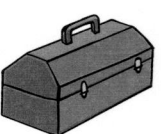

kutija sa alatom

skříň na nářadí

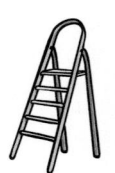

ljestve

žebřík

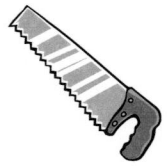

testera, pila

pila

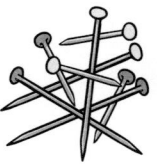

ekser

hřebíky

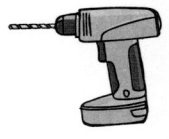

bušilica

vrtačka

popraviti

opravit

lopata

lopata

sranje!

Kurva!

lopatica

lopatka

kanta boje

vědroé na barvu

vijak

šrouby

muziči instrumenti
hudební nástroje

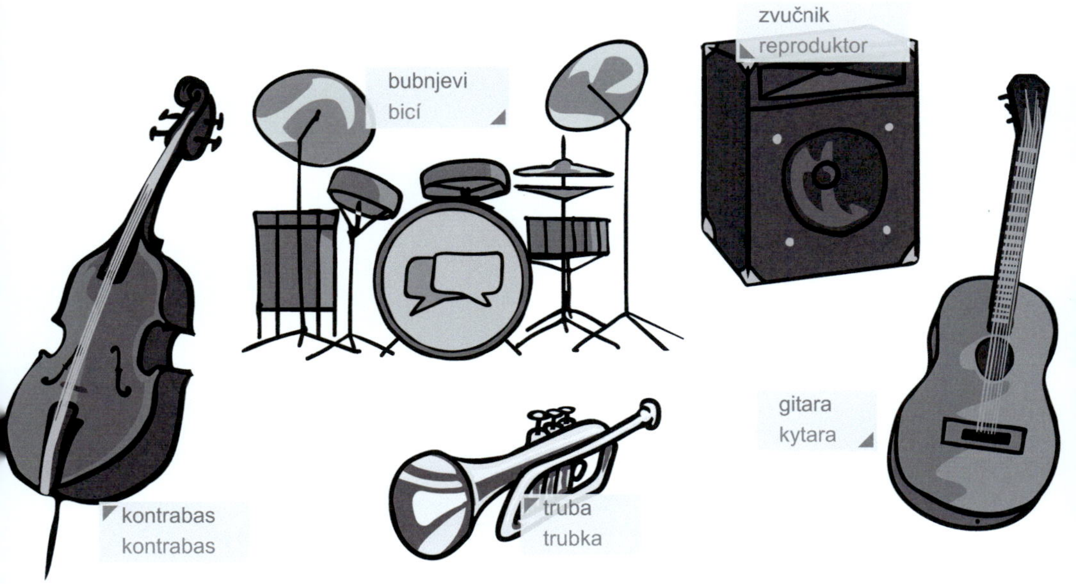

zvučnik

reproduktor

bubnjevi

bicí

gitara

kytara

kontrabas

kontrabas

truba

trubka

klavir

klavír

violina

housle

bas

basa

bubanj timpani

tympán

bubanj

bubny

sintisajzer

keyboard

saksofon

saxofon

flauta

flétna

mikrofon

mikrofon

muzički instrumenti - hudební nástroje

zološki vrt

zoo

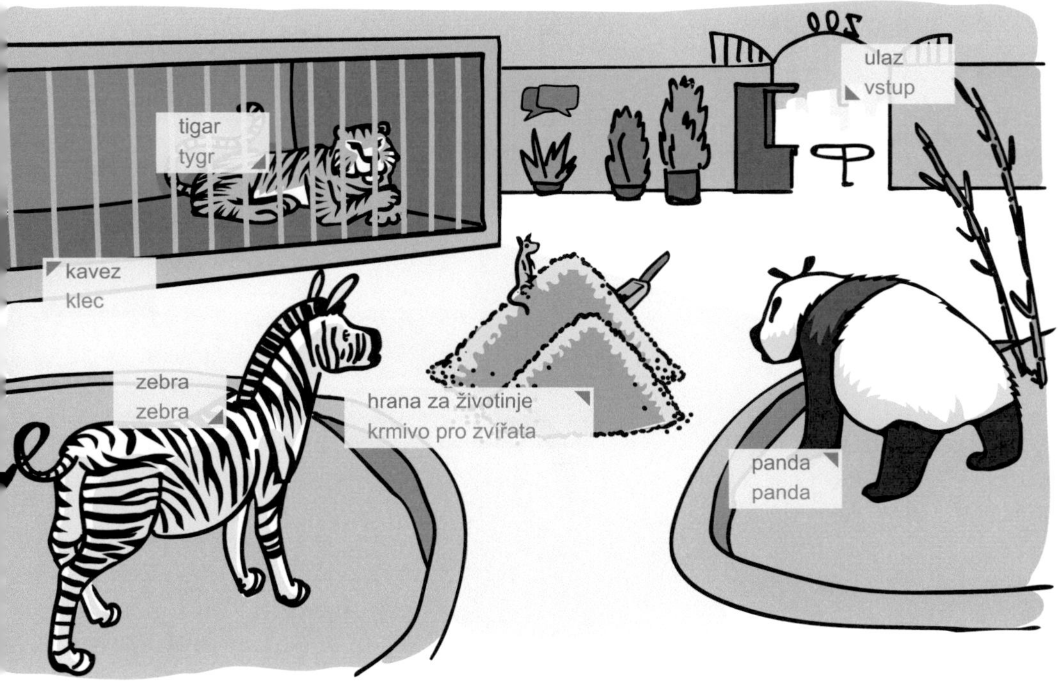
ZOO
ulaz
vstup
tigar
tygr
kavez
klec
zebra
zebra
hrana za životinje
krmivo pro zvířata
panda
panda

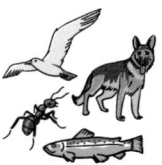

životinje

zvířata

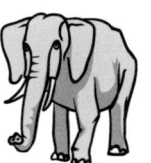

slon

slon

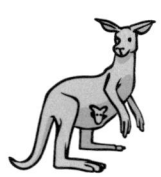

kengur

klokan

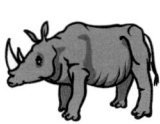

nosorog

nosorožec

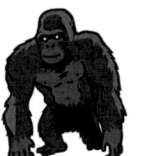

gorila

gorila

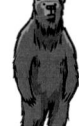

medvjed

medvěd

kamila

velbloud

noj

pštros

lav

lev

majmun

opice

flamingo

plameňák

papagaj

papoušek

polarni medvjed

lední medvěd

pingvin

tučňák

morski pas

žralok

paun

páv

zmija

had

krokodil

krokodýl

čuvar u zološkom vrtu

ošetřovatel zvířat

tuljan

tuleň

jaguar

jaguár

poni

poník

leopard

leopard

nilski konj

hroch

žirafa

žirafa

orao

orel

divlja svinja

divoké prase

riba

ryby

kornjača

želva

morž

mrož

lisica

liška

gazela

gazela

američki fudbal
americký fotbal

vožnja bicikla
cyklistika

tenis
tenis

košarka
košíková

plivanje
plavání

boks
box

hokej na ledu
lední hokej

fudbal
kopaná

bedminton
badminton

laka atletika
lehká atletika

rukomet
házená

skijanje
běh na lyžích

polo
vodní pólo

smijati se
smát se

skakati
skočit

zagrliti
objímat

ići
jít

pjevati
zpívat

moliti
modlit se

ljubiti
políbit

sanjati
snít

pisati

psát

crtati

kreslit

pokazati

ukazovat

gurati

tlačit

dati

dát

uzeti

vzít si

imati

mít

raditi

dělat

biti

být

stajati

stát

trčati

běhat

vući

táhnout

baciti

hodit

pasti

padat

ležati

ležet

čekati

čekat

nositi

nosit

sjediti

sedět

obući

oblékat

spavati

spát

probuditi

vzbudit se

pogledati

prohlédnout si

plakati

plakat

milovati

pohladit

češljati

česat

govoriti

hovořit

razumjeti

rozumět

pitati

ptát se

slušati

slyšet

piti

pít

jesti

jíst

pospremiti

uklidit

voljeti

milovat

kuhati

vařit

voziti

jet

letjeti

letět

jedriti

plachtit

računati

počítat

čitati

číst

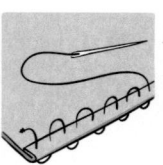

učiti

učit se

raditi

pracovat

vjenčavti

vzít si

šiti

šít

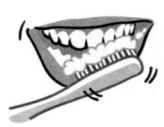

prati zube

čistit si zuby

ubiti

zabít

pušiti

kouřit

slati

poslat

porodica
rodina

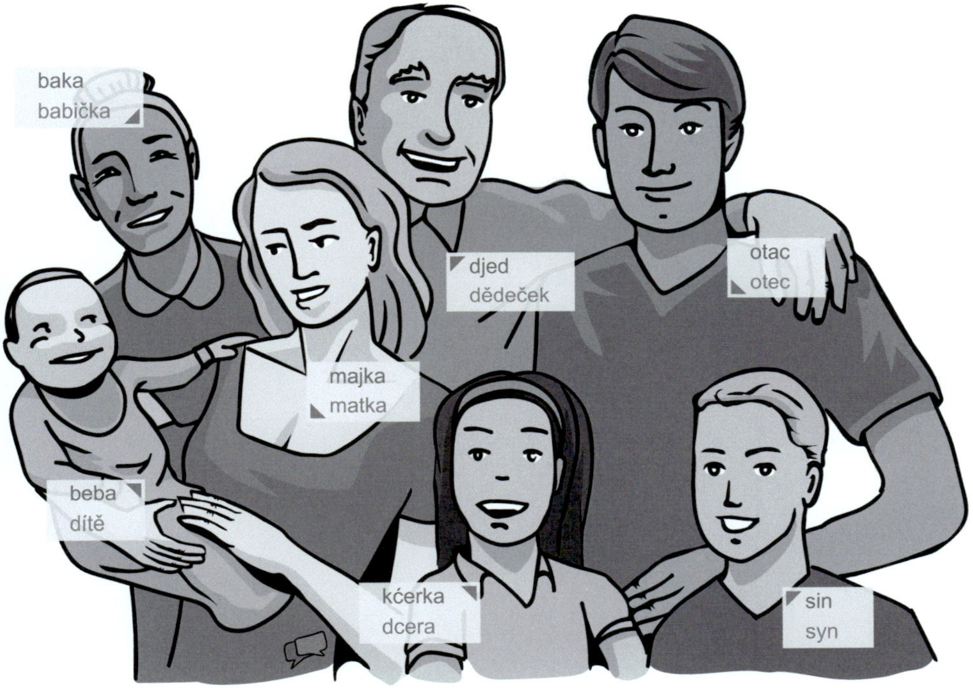
baka
babička
djed
dědeček
otac
otec
majka
matka
beba
dítě
kćerka
dcera
sin
syn

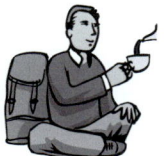

gost

host

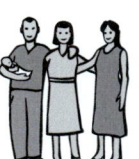

ujna, tetka, strina

teta

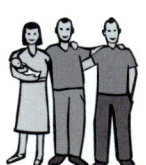

ujak, tetak, stric

strýc

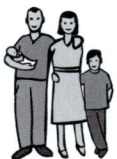

brat

bratr

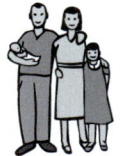

sestra

sestra

tijelo
tělo

čelo
čelo
oko
oko
leđa
rameno
prst
prst
lice
obličej
brada
brada
ruka, šaka
ruka
noga
dolní končetina
grudi
hruď
ruka
paže

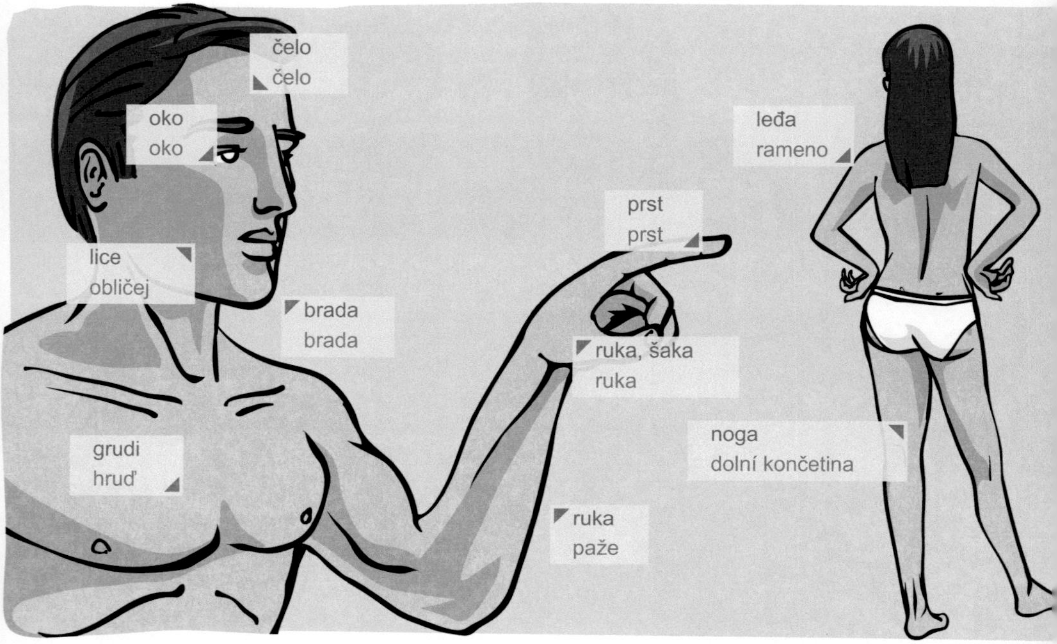

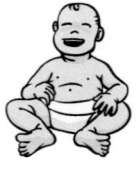

beba
dítě

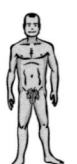

muškarac
muž

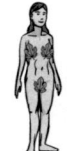

žena
žena

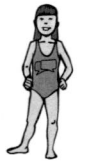

djevojčica
dívka

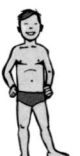

dječak
chlapec

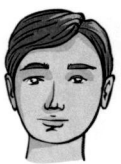

glava
hlava

leđa
záda

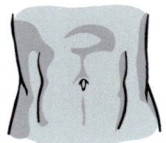

stomak
břicho

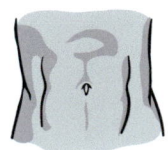

pupak
pupík

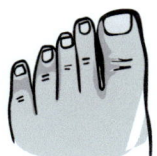

nožni prst
prst na noze

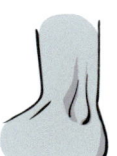

peta
pata

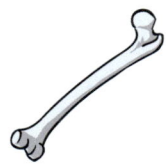

kosti
kost

kuk
bok

koljeno
koleno

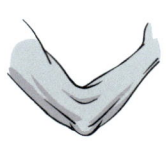

lakat
loket

nos
nos

stražnjica
zadek

koža
kůže

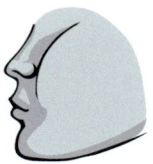

obraz
tvář

uho
ucho

usna
ret

tijelo - tělo

usta
ústa

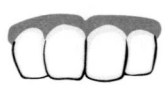

zub
zub

jezik
jazyk

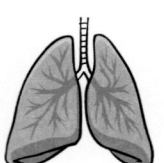

mozak
mozek

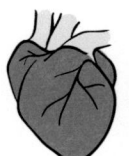

srce
srdce

mišić
sval

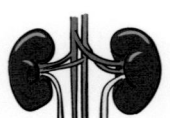

pluća
plíce

jetra
játra

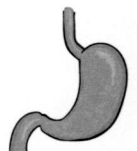

želudac
žaludek

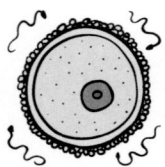

bubreg
ledviny

spolni odnos
pohlavní styk

kondom
kondom

jajna ćelija
vajíčko

sperma
sperma

trudnoća
těhotenství

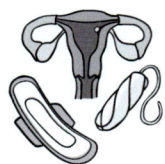

menstruacija

menstruace

vagina

vagina

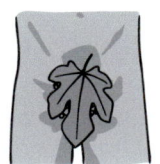

penis

penis

obrva

obočí

kosa

vlasy

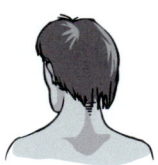

vrat

krk

bolnica
nemocnice

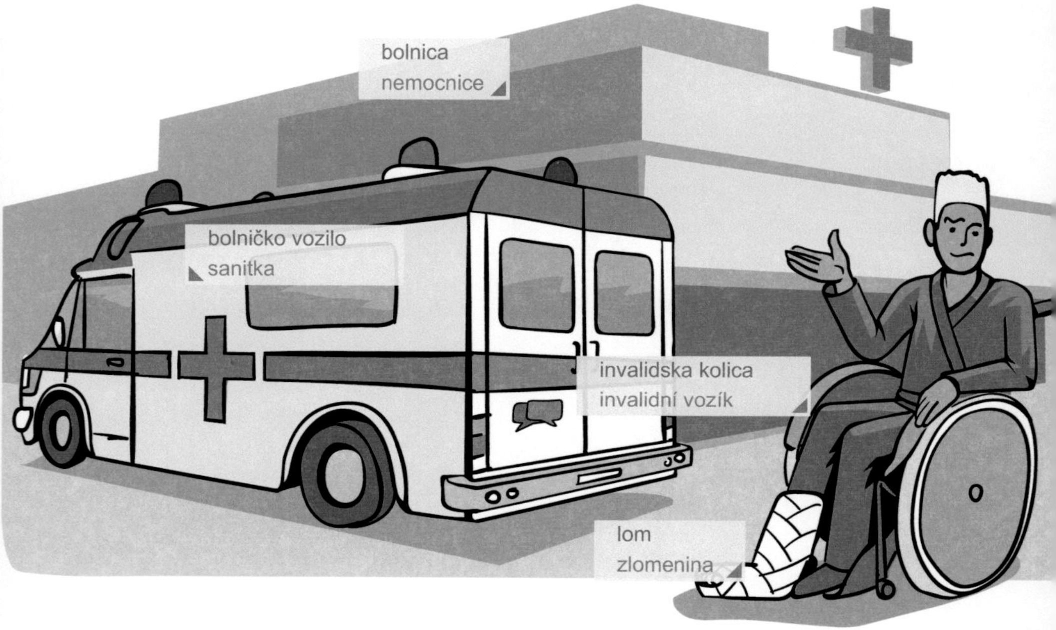

bolnica
nemocnice
bolničko vozilo
sanitka
invalidska kolica
invalidní vozík
lom
zlomenina

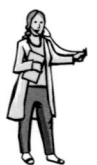

ljekar
lékař

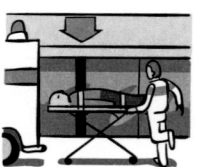

hitna služba
pohotovost

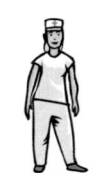

medicinska sestra
zdravotní sestra

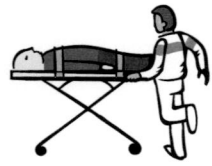

hitna pomoć
urgentní případ

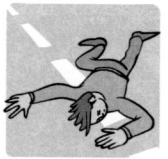

nesvjest
v bezvědomí

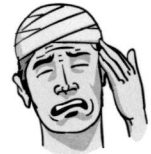

bol
bolest

povreda

úraz

krvarenje

krvácení

srčani udar, infarkt

infarkt myokardu

moždani udar

cévní mozková příhoda

alergija

alergie

kašalj

kašel

groznica

horečka

gripa

chřipka

proljev

průjem

glavobolja

bolest hlavy

rak

rakovina

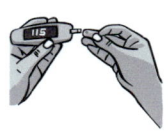

dijabetes

cukrovka

hirurg

chirurg

skalpel

skalpel

operacija

operace

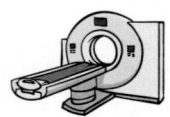

CT

CT

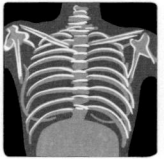

rendgen

rentgen

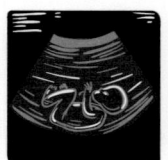

ultrazvuk

ultrazvuk

maska

maska

bolest

nemoc

čekaonica

čekárna

štake

berle

flaster

náplast

zavoj

obvaz

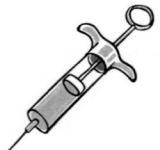

injekcija

injekce

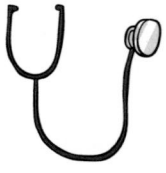

stetoskop

stetoskop

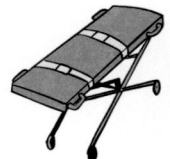

nosilo

nosítka

termometar

teploměr

porod

porod

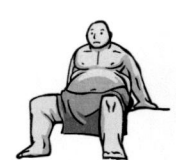

prekomjerna težina, debljina

nadváha

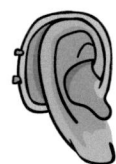

slušni aparat

naslouchátko

sredstvo za dezinfekciju

dezinfekční prostředek

infekcija

infekce

virus

virus

HIV/ AIDS

HIV / AIDS

medicina

lékařství

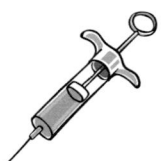

vakcinacija

očkování

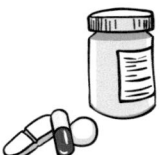

tablete

tablety

pilula

pilulka

hitni poziv

tísňové volání

aparat za mjerenje pritiska

tonometr

bolestan / zdrav

nemocný / zdravý

Upomoć!

Pomoc!

alarm

poplach

napad, prepad

přepadení

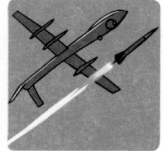

napad

napadení

opasnost

nebezpečí

izlaz u slučaju opasnosti

nouzový východ

Požar!

Hoří!

vatrogasni aparat

hasicí přístroj

nezgoda

nehoda

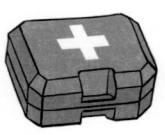

torba prve pomoći

zdravotnická brašna

SOS

SOS

policija

policie

Europa

Evropa

Sjeverna Amerika

Severní Amerika

Južna Amerika

Jižní Amerika

Afrika

Afrika

Azija

Asie

Australija

Austrálie

Atlantik

Atlantik

Pacifik

Pacifik

Indijski okean

Indický oceán

Antarktički okean

Jižní ledový oceán

Arktički okean

Severní ledový oceán

Sjeverni pol

severní pól

Južni pol

jižní pól

Antarktik

Antarktida

Zemlja

země

zemlja

pevnina

more

moře

ostrvo

ostrov

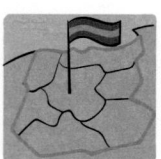

nacija

národ

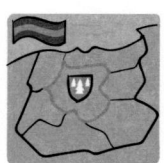

država

stát

brojčanik sata

ciferník

kazaljka sata

hodinová ručička

kazaljka minute

minutová ručička

kazaljka sekunde

vteřinová ručička

Koliko je sati?

Kolik je hodin?

dan

den

vrijeme

čas

sada

teď

digitalni sat

digitální hodinky

minuta

minuta

sat

hodina

ponedjeljak
pondělí

MO

TU

utorak
úterý

W
srijeda
středa

TH
subota
sobota

četvrtak
čtvrtek

FR
petak
pátek

SA

SO

nedjelja
neděle

juče
včera

danas
dnes

sutra
zítra

jutro
ráno

podne
poledne

veče
večer

radni dani
pracovní dny

vikend
víkend

kiša
déšť

duga
duha

vjetar
vítr

snijeg
sníh

proljeće
jaro

ljeto
léto

jesen
podzim

zima
zima

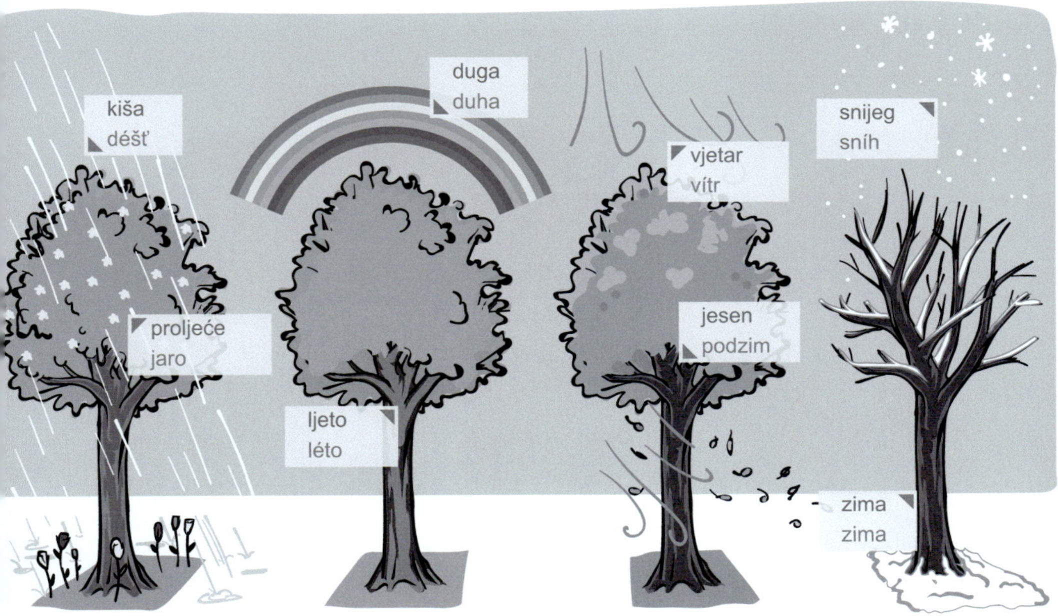

prognoza vremena

předpověď počasí

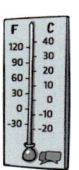

termometar

teploměr

sunčev sjaj

sluneční svit

oblak

mrak

magla

mlha

vlažnost vazduha

vlhkost

munja

blesk

grom

hrom

oluja

bouřka

tuča, led

kroupy

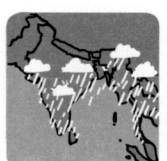

monsun

monzun

poplava

povodeň

led

led

januar

leden

februar

únor

mart

březen

april

duben

maj

květen

juni

červen

juli

červenec

avgust

srpen

septembar
....
září

oktobar
....
říjen

novembar
....
listopad

decembar
....
prosinec

oblici

tvary

krug
....
kruh

kvadrat
....
čtverec

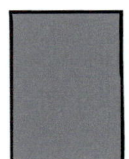

pravougao
....
obdélník

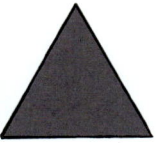

trougao
....
trojúhelník

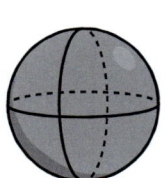

kugla
....
koule

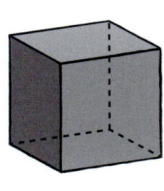

kocka
....
krychle

bjel

bílá

žut

žlutá

narandžast

oranžová

pink

růžová

crven

červená

ljubičast

fialová

plav

modrá

zelen

zelená

smeđ

hnědá

siv

šedá

crn

černá

malo / mnogo

hodně / málo

ljutit / miran

rozzuřený / mírumilovný

lijep / ružan

krásný / ošklivý

početak / kraj

začátek / konec

veliki / mali

velký / malý

svijetlo / tamno

světlý / tmavý

brat / sestra

bratr / sestra

čist / prljav

čistý / špinavý

potpun / nepotpun

úplný / neúplný

dan / noć

den / noc

mrtav / živ

mrtvý / živý

široko / usko

široký / úzký

ukusno / neukusno

jedlý / nejedlý

zao / prijatan

zlý / hodný

uzbuđen / dosadan

vzrušený / znuděný

debeo / mršav

tlustý / hubený

najprije / najkasnije

nejdříve / naposledy

prijatelj / neprijatelj

přítel / nepřítel

pun / prazan

plný / prázdný

trvd / mekan

tvrdý / měkký

težak / lagan

těžký / lehký

glad / žeđ

hlad / žízeň

bolestan / zdrav

nemocný / zdravý

ilegalan / legalan

ilegální / legální

inteligentan / glup

inteligentní / hloupý

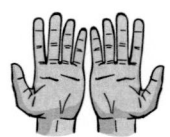

lijevo / desno

vlevo / vpravo

blizu / daleko

blízko / daleko

nov / polovan

nový / použitý

višta / nešto

nic / něco

star / mlad

starý / mladý

uključeno / isključeno

zapnutý / vypnutý

otvoreno / zatvoreno

otevřeno / zavřeno

tiho / glasno

tichý / hlasitý

bogat / siromašan

bohatý / chudý

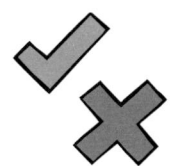

tačno / pogrešno

správný / špatný

hrapav / glatak

drsný / hladký

tužan / srećan

smutný / šťastný

kratak / dug

krátký / dlouhý

spor / brz

pomalý / rychlý

mokro / suho

vlhký / suchý

toplo / hladno

teplý / chladný

rat / mir

válka / mír

0

nula

nula

1

jedan

jedna

2

dva

dva

3

tri

tři

4

četiri

čtyři

5

pet

pět

6

šest

šest

7

sedam

sedm

8

osam

osm

9

devet

devět

10

deset

deset

11

jedanaest

jedenáct

12

dvanaest

dvanáct

13

trinaest

třináct

14

četrnaest

čtrnáct

15

petnaest

patnáct

16

šesnaest

šestnáct

17

sedamnaest

sedmnáct

18

osamnaest

osmnáct

19

devetnaest

devatenáct

20

dvadeset

dvacet

100

sto

sto

1.000

hiljada

tisíc

1.000.000

milion

milion

engleski

angličtina

američki engleski

americká angličtina

kinesko mandarinski

standardní čínština

hindi

hindština

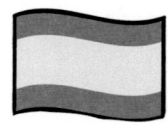

španski

španělština

francuski

francouzština

arapski

arabština

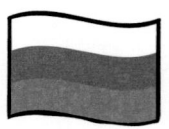

ruski

ruština

portugalski

portugalština

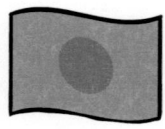

bengalski

bengálština

njemački

němčina

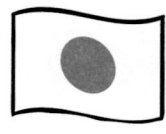

japanski

japonština

ja

já

ti

ty

on / ona / ono

on / ona / ono

mi

my

vi

vy

oni

oni

ko?

Kdo?

šta?

Co?

kako?

Jak?

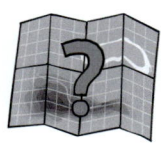

gdje?

Kde?

kada?

Kdy?

HELLO, I AM

ime

jméno

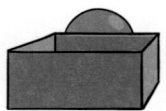

iza

za

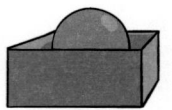

u

do

pred

z

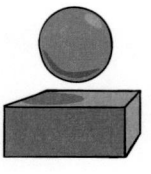

iznad

nad

na

na

ispod

mezi

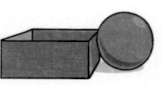

pored

vedle

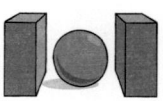

između

mezi

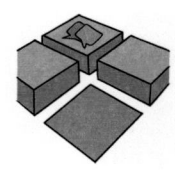

mjesto

místo